歎異抄

釈尊 親鸞

浄土真宗の目で問う
親子の絆と葛藤を

木村二一郎

東京図書出版

はじめに

最近『歎異抄』を読み直してみました。美しい詩文を読んでいるようで今更ながら感動すると共に、親鸞聖人様！　よくぞここまで人間を掘り下げたものだと感嘆するばかりです。「悪人正機」「非行非善」「無義を以て義とす」等々謎めいた言葉がダイヤモンドのように耀き踊っています。しかしながらよく考えてみると、聖人自らが仰っておられるように非常に難しい立ち位置だと思います。まるでクモの糸に片足で乗っかっているような危うい場所です。極楽報土ってどんなところ？　苦しいがあるから対応する楽しいがあるわけで、楽だけの極楽なんて想像つかない。悪人正機？　それ程人間は悪に徹しきれるのか？　つまり自分のはからいを否定して阿弥陀如来に託しきれるのか？　仏とはいったい何なのだ。わたしは無学で知らないのですが、仏さまとはこういうものだと具体的に書いた論釈又は聖人のお言葉はあるのでしょうか。

「親鸞一人が為なり」と言わしめた程の具体的で強力な、しかも能動的な仏様のお姿、それは不可称不可説不可思議なものですから言葉では説明できないでしょうが、これぞ阿弥陀様の実態と思わせる仏のお姿を聖人はご覧になったのだと私は思います。そこでこれよりわたくしの私見を述べさせていただきます。私は大谷大学を卒業したのでそれなりの雰囲気の中で育ちましたが、ただそれだけのいまから思うと恥ずかしいほどの怠け者学生だったので学問的には全く根拠のない、ただの親鸞ファンの感想文である点をお詫びしてお許しをお願いいたします。

歎異抄　釈尊　親鸞◇目次

浄土教の仏さま

さて浄土教でいう仏とは阿弥陀如来のことです。その昔、世自在王仏という仏の説法を国王が聞いて〝即ち無上正真道の意を発し〟国王の地位も国も捨て法蔵と名乗った。そして彼の有名な四十八願を立てるのです。ここで面白いのは世自在王仏の前に50人（仏なので人は変か？）もの仏、如来がいらっしゃったことです。経典を開いてみると五劫とか十劫とか八十億劫とか宇宙的な数字がたくさん出てきます。宇宙誕生と仏教思想を並べてみると興味深いものが見えてきます。大宇宙があって、その片隅に小宇宙である銀河系がある。そのまた片隅に太陽系がある。そこから光の速度で7〜8分の所に地球がある。

その位置関係も微妙で奇跡的と言えるでしょう。つまりドロドロの状態から空気が先か水が先か出来て海が出来る。先ず植物が生え昆虫みたいなものが動き出したのでしょうか。それもこれも太陽との微妙な位置関係のおかげで奇跡と言えるでしょう。そうした奇跡の連続の果てにこの不可称不可説不可思議な人間という生きものが誕生したわけです。仏教に「六道四生」という思想があります。これは他の宗教には無い卓越した思想だと私は思っています。地獄餓鬼畜生修羅、これらは人間のすぐ身近に存在する、まず一括りでいいでしょう。天道は大黒天とか吉祥天とか天神地祇をさすそうです。胎生は人間を含めた動物類、卵生は鳥類、湿生は草木類、化生はまさしく化け物の世界です。少し難しいのですが私は〝夢の世界〟みたいな感じでとらえています。これについては後に出てくると思います。人間は「宿縁の業によって六道四生の間を輪廻転生している」のが仏教の思想です。この考え方、素晴らしいと思いませんか。つまり人間は勿論のこと森や草花虫や獣類に至るまで全て、輪廻転生の間に出逢ったかもしれない父母か友達か兄弟姉妹だという事です。究極の平和、平等主義の思想です。何かの宿縁で人間として生まれ、この思想に出逢った慶びを大事にしなくてはいけないと自分に言い聞かせています。生き物がこの地球上に発生してどのくらい経っているのか解りませんが、その間私達は幾度も輪廻転生して現在に至っているわけです。

阿弥陀如来の誕生

法蔵菩薩因位（いんに）の時に戻りましょう。四十八願は民衆の本当に手近な願いばかりです。住む家や着るものが欲しい、健康で長生きしたい、いっぱい勉強して立派な人になりたい、できれば困っている人を助けてあげたい、友達がいっぱい欲しい、死ぬときはいっぱいの友達に見送られて、できるなら極楽に行きたい、そういった手近でしかも切実な願いばかりです。その中心的な願いが第十八願なのでしょう。今あるこの苦しみから逃れたい、そして極楽浄土に生まれたい。五劫思惟の後成就し阿弥陀如来が誕生する次第です。釈尊は末法の世では衆生が救われるにはこの阿弥陀如来の力にすがるほか道はないと説法されたと経典に書いてあります。その経典から抜き出して聖人がたくさんの和讃を誦（じゅ）しておられます。親鸞聖人は主著として『教行信証』があります。越後に配流されて関東の稲田郷に移住する頃には既に『教行信証』は完成に近かったそうです。わざわざ関東に移住したのは『教行信証』をより深めるための色々な資料が豊富な文化都市、宇都宮が近かったせいだろうと、赤松俊秀先生がその著『親鸞』（吉川弘文館版）で推測しています。聖人の能動的で一途な生涯を見ていると、この説はストンと腑に落ちます。赤松先生のこの著は非常な労作で、私はこの本でいっぺんに親鸞ファンになりました。聖人には著述が多く他に類例がないほどです。和讃は帖外和讃を含めて三百六十首に及びます。その殆どが京都に落ち着いた八十歳を超えてからの作だと聞いて二度ビックリです。ご自身が偶々この教えに出逢い確信を得た慶びを同行、同朋に伝えたい、伝えずにはいられない心持ちだったのでしょう。

「慶ばしいかな愚禿（ぐとく）仰いでおもんみれば心を弘誓（ぐぜい）の佛地にたて情を難思の法海に流す。聞くところを嘆じ得る所を慶び、真言を採集し師釈を抄出して専ら無上尊を念じ特に広大の恩を報ず。」

『浄土文類』でこのように語っています。聖人は優れた宗教家であると同時に、正に自信教人信（じしんきょうにんしん）、類いまれなる伝道者であったことが解ります。

和讃のなかから

一一の花の内よりは　三十六百千億の
仏身も光も等しくて　相好金山（こんさん）の如くなり

好きな和讃です。極楽浄土の花ですから蓮の花を想定しているのでしょうが、野山の花や公園の花々でもいいと思います。一つ一つの花の内から仏様が泉のように湧き出てくる様を想像してください。

私は動物の生態が好きで、そういった番組をよく見ます。この間、ライオンの子育ての映像を見ました。赤ちゃんが巣穴からチョコチョコ出てくる様子、人間の赤ちゃんがヨチヨチ歩きで必死に母親についていく姿そっくりです。ライオンの食事って赤ちゃんが優先なんですね、赤ちゃんが食べ終わるまで筆頭の雄ライオンが見張っている。母親ライオンが狩りにでる際、お婆ちゃんライオンが留守番をする時があるらしい。毎回でもないのでその辺の意思の疎通はどうなっているのでしょうね。狩りから帰ったライオンが子等を呼ぶ、いそいそと巣穴から出てくる赤ちゃんライオンのあの信じ切った安らかな顔、子ライオンを抱き寄せて毛づくろいをしてあげる、子を思う〝まこと〟慈悲に満ちたあの眼差し、嗚呼これが極楽報土のお姿かなぁ。先頃、元官僚のトップだった人が引きこもりの中年息子を手にかけた痛ましい事件が連日のように報道されていました。気の毒になあと思って見ているうちに、一瞬テレビ上の彼の姿が阿弥陀如来に見えたことがありました。決してあの行為を容認しているわけではないので誤解しないでください。単に〝汝よ〟という仏様の呼びかけが聞こえただけです。

恵信尼書状

釈尊の教法を龍樹、曇鸞が引き継ぎ中国支那の善導大師が大乗仏教として花開かせ、我が国では聖徳太子、源信僧都、法然上人、親鸞聖人と受け継がれるのが浄土真宗の大雑把な流れです。

親鸞聖人は九歳で出家しました。何らかの事情でそうせざるを得なかったのが実情でしょう。比叡山で堂僧として懸命に勉学に励んだ、第一の目的は衆生済度、つまり一般民衆の救済だったことは衆目の一致するところでしょう。それが後々、

小慈小悲もなき身にて　有情利益はおもふまじ

という述懐につながるわけですが、血気盛んな青年僧の第一の願いは衆生済度だっ

たに違いありません。しかもこの時分から既に「ありのままで」という主題が頭の隅にあったのではないかと思います。

真宗には〝自然〟という重要な境地があります。〝じねん〟と読ませて特別な意味を持たせています。しかしここでは〝ありのままで〟でいいと思います。人間としてありのままというのは縁あれば結婚して子を持ち家庭を築く、これが普通の姿でしょう。僧侶として若き聖人はこの点に苦しんだ。このままではいけないと比叡山を下りる決心をします。六角堂百日参籠に入る、そこで有名な夢告を受けます。それが吉水の法然房を訪ねるきっかけになったわけですが、この辺りの経緯を奥様の恵信尼が聖人涅槃の報をきくや即座に娘の覚信尼に書状を以て伝えているのはなんとも微笑ましい。今風に言うなら聖人と恵信尼は死ぬまでラブラブだったんですね。夢告の話に戻りましょう。

行者宿報設女犯（ぎょうじゃしゅくほうせちにょぼん）、我成玉女身被犯（がじょうぎょくにょしんぴぼん）、

一生之間能荘厳　臨終引導生極楽

つまり結婚したいのならわたしが奥さんになってあげる、つくしてつくして一生の間貴方を幸せにしてあげる、という訳です。

これが親鸞聖人にとっての「因位の時」だったと私は捉えています。そう考えて見ますと聖人の九十年の生涯は、劫を単なる量でなしに質、深さに置き換えるなら正に五劫思惟、大願成就の歴史だったのではないでしょうか。恵信尼書状のなかに聖人の宗教的立ち位置にとって非常に重要な事件が起きた事が記されています。それは越後から関東に移る途中の佐貫という所で、「浄土三部経」を読経しようと思い立った事です。須く衆生利益の一念からです。延暦寺での二十年間真剣に衆生利益の為に不断念仏を行い読経していたことを思い出したのだろうと先の赤松先生は書いています。それは四〜五日してはたと思い立ち中断しました。何故止めたか、それは助行であり遠回りだからです。

『歎異抄』第五章。「ただ自力を棄てていそぎ浄土の覚りを開きなば六道四生のあいだいずれの業苦に沈めりとも神通方便をもってまず有縁を度すべきなり。」その為の正業「南無阿弥陀仏」を置いて三部経読経とは何事かと気付いたからです。しかしこれで終わらなかったと恵信尼書状に書いてあります。それから十八年の後、聖人が風邪をひいて寝込んだ時、目の中にお経の文字が一字一句明瞭に浮かんでくるという体験をしました。「自信教人信　難中転更難　人の執心自力の心はよくよく思慮あるべし」と述懐しておられます。それにしても聖人は良き奥様に巡り会えたものです。お互いに観世音菩薩の生まれ変わりと敬い合っていたというから頷けます。その頃何らかの事情で越後にいた恵信尼さんが聖人の涅槃の報を聞くや即座に京都にいた娘、覚信尼に親鸞聖人を通して宗教者としてのあるべき姿を伝えようとしました。親の子を思う真心が切々と伝わります。恵信尼は親鸞聖人の絶対的な理解者だった、親鸞が親鸞であり得たのは偏に恵信尼さんのお陰だったと確信できます。

　ところで法然上人は割に早く罪を許され京都に帰りました。親鸞聖人も程なく赦免されますが京都には戻らず越後に留まりました。何故か？師の為なら死も厭わない程惚れぬいたのに、しかも帰れば法然教団でそれなりの地位は得られただろうに、です。『歴史と人物』という雑誌の中で、梅原猛氏と吉本隆明氏が親鸞について対談しています。

そこでお二人は「越後での体験で少し理念として法然の場所を離れた」、それで帰るのが嫌になった、と推測しています。続いて、これは親鸞のみならずあらゆる創造的な思想家の常であると結んでいます。

尤もな意見です。しかし私は別の理由も想像します。聖人は当時かなり過激な思想家だったらしい。しかも公然の妻帯は既成教団にとっては許し難いことです。『教行信証』化身土巻巻末で「主上臣下法に背(そむ)き義に違し」と怒りをぶちまけているのを見ても解るように、聖人は案外に短気で激情型だったのではないでしょうか。傍らで奥様の恵信尼さんが「まあまあ」と宥められている様子が目に浮かびます。

あの怒りの文言が当時既にあったのか、後ほど書き加えられたのか解りませんが、気持ちは同じでしょう。こんな自分が師匠の傍に行ったら、弾圧を受けた当時と同じ環境になり、かえって師匠に迷惑をかけることになりはしまいか、ここはひとつじっと我慢して越後に留まるのが法然教団の為になるだろう、偏に師法然上人を思っての決断だったのです。

夢の世界

何事でも事に真剣に立ち向かう人にとって〝夢〟は大事な事象のようです。私もたまに夢を見ます、まったく他愛もない夢です。誰ともはっきりしないが身内らしい人はいます、不思議なことに今まで会ったことも見たこともない人が必ず出てくる、身内らしい人はただ黙っているだけ、どうやらその場の主役はその見たことも会ったこともない人らしい、夢のたびにこれが不思議でなりません。私の家内の夢は賑やかです。大声で歌ったりお喋りしたり、自分の声で目が覚めないかとビックリすること度々です。彼女が私と一緒になる前の話ですが、夢でまだ一度も行ったことがない彼女の祖父の墓所への行き順を教わったらしく、まったくその通りだったと聞きました。彼女の姉はまだ幼少の頃特別の能力があって、ある呪文を唱えるとたちまち瞑想状態に入り探し物が見つかる事が度々でした。あまりにも当たる自分が逆に怖くなって止めたそうです。彼女等の母親が亡くなる時の話ですが、母親が亡くなるひと月ぐらい前、会話のなかで夢の話がありました。母親の周りに彼女等が座っている、その横に姉の連れ合いが立っている、そして母親の夢の中では、背後に見たこともない男の人が二人何やらゴソゴソ会話をしている、という夢だったそうです。母親の死後、たまたま母親は団地の一人暮らしだったのでお巡りさんが二人立ち会うことになった、まさしく母親が見た夢と全く同じ現場が再現された次第です。これを単なる偶然と片付けられるでしょうか。幽霊を見たという話はよく聞きます。しかしこれは実験不可能だし依って実証はできません。深層心理学の分野でしょうが、やはり実証は無理でしょう。スポーツ選手はよく験を担ぐらしい、〝験をかつぐ〟って面白い表現ですね。はなから迷信だと解っている、でも験を担ぐ、この行為、からっきし無駄でもない。「これをしていれば大丈夫」という期待感が〝偶々〟実力以上の力を発揮する助けになるだろうことは容易に想像出来ます。だから負けても験の力のなさを恨むどころか、自分の実力を素直に認め、わざわざお出まし頂いたのに力及ばずごめんなさいと謝るぐらいがスポーツ選手というもの。この気の持ちようが信仰心にも通じます。願いが叶わなかった時、願い方が悪いとか願う力が弱かったと自分を責めたり他人を脅したりする、この態度は良くないと金子大栄先生も仰っています。

フロイトと宗教

絵画や作曲、小説、哲学等の分野では殊更夢は大事にされています。心理学者のフロイトは有名です。仏教でも唯識思想や真言密教等が瞑想に依って仏の境地に入ろうとする点、夢の世界を大事にする宗教です。真言密教の仏観が興味深く、そこでは宇宙を動かしている〝法〟を仏と捉えています。元々仏教も真宗も宇宙的なところがあると思っていたので成程と納得できるところもあります。

フロイトは色々な分野に影響を与えました。心理学、哲学、絵画、文学、宗教にまで影響を及ぼしました。フロイトの出現で人間学的にも心理学的にも病理学的にも哲学的にもかなり掘り下げられました。それでもなお解明出来ない点が多い。それ程人間は不可称不可説不可思議な存在なのです。人間には〝自律神経〟というものがあります。恐らく人間だけでしょう。この神経が出すα波β波の微妙な均衡度に依って人は日々生活しています。そのどちらかが多すぎても少なすぎても人は壊れてしまうそうです。文字通り「自律」神経なので人為的に影響を与えることが出来ないところが厄介な正体です。

人間だけが人為的に生きようとする。つまり薬ですね。薬のおかげで人間は格段の寿命を得ました。他の動物類は薬が無い、だから短命です。しかしその中でも土地土地に適合して病気になりにくい身体に進化していっている。たしか猿の仲間だと思いますがわざわざ毒入りの木の実を主食にしている、ちゃんと解毒作用のある草を知っている、食事の後それを食べに行くわけです。牛の仲間には消化の悪い草を主食にしている、消化を助ける酵素が混じる土を知っていて山の奥深く食べに行く、等々動物の知恵は色々知られているところです。薬ですが、良く効くのは副作用が怖い。人為的に生きようとするとそれを抹殺せんとする対抗物が出るようですね。ウイルスがそうです。元々自然界にあったものでしょうが、それを発展的に分岐させ強力化していったのは薬です。この戦いは無限に続くことでしょう。

損得の世界、ありのままの世界

この「人為的に」と「ありのままに」が宗教、真宗の内でも重要なテーマなのです。「絶対他力」これが真宗の根本宗旨ですが、この他力が〝ありのままに〟です。対する人為的な生き方が損得、義理が絡んだ生き方です。なかんずく人間だけが損得の世界に生きている。ライオン等も狩りはする、が滅多やたらに狩りに出るわけじゃない。飽食の時はのんびり仲間たちとくつろいでいます。共存共栄の世界です。人間は違う。狩猟時代の人間は共存共栄を目指していたらしいが、稲作が伝わり貧富の差、管理する者と管理される者ができたころからでしょうか、特に資本主義が席巻し始めて益々損得が人間社会を支配するようになりました。それは社会主義の国でも同じ事です。やはり貧富があり管理被管理があるからです。須く人間は端的に実利の実績を得たがります。すぐに得をしたい、先の事はいい、とにかく今が良ければいい。政治の世界でもこれがあります。国は今、借金地獄です。しかしこれを言うと選挙に負けるから言わない、先送り、先送りです。道路公団があった。今は民営化されているがほとんど変わりません。彼らが生きていくためには何しろどんどん道路を作っていかなくてはいけません。その内日本は道路、それも殆ど必要性の少ない道路だらけになるでしょう。鉄道も同じ、儲からない所はどんどん廃線にするか第三セクターに売り飛ばしているくせに、新幹線はあちこちに伸ばしまくる、その果てにトンネルだらけのリニア新幹線まで考えているらしい。ホントにそんなに急いで何処へ行くの？　と言いたくなります。公とは一般民衆の役に立ってこそ公と言える、一般民衆の支持の無い、単なる国家権力の行使を公とは言いません。単なる国家権力の行使には断固立ち向かっていかなくてはいけない、これが私の基本的な立ち位置です。国家権力はあらゆる手段を使って国民の支持を創作します。偽情報でだましたり、都合が悪い情報は隠蔽する、飴と鞭を巧みに使い分けて脅したりすかしたりする、権力には色々な力、悪知恵があるので余程気を付けなくてはなりません。

しかしながら私達はこの損得の世界から超越する事は不可能です。然らば如何すればいいのか。ここで〝ありのまま〟が出てくるのです。損得の世界を大きく包み込んだ〝ありのまま〟です。金子大栄先生がその著『大涅槃』で、

人間なればこそ愛別離苦、怨憎会苦に会うだろう
百姓は田畑を耕し、商人は品物を売買し、それぞれの分を尽くすそのそれぞれの業が〝そのまま〟世の為、人の為になる。

このように書いています。

浄土真宗の孤高性

浄土教は親鸞聖人によって無駄な部分は全て削りとられ「絶対他力」というところまでたかめられました。磨かれ磨かれぬいたダイヤモンドのように、刀でいえば名匠が鍛えぬいた名刀のよう。床の間に飾ってあれば名刀ですが、間違って使えば妖刀にもなる。法然上人時代にも「造悪無碍（ぞうあくむげ）」等の邪義はありました。それで法然房は解散させられ、数人は死罪になり、法然、親鸞等はそれぞれ流罪に処せられたのです。聖人が晩年の頃になっても、『歎異抄』で解るように異端邪義が益々横行しました。鎌倉幕府も一時弾圧に動く気配があったらしく、聖人も気を揉んでいたことが消息集で解ります。これはまた親鸞教の純粋無垢な面を物語り、高貴でひとり孤高を戴いた証左でもありましょう。僧侶集団の仏教ならこうまでならなかったでしょうが、自ら愚禿と名乗り在家仏教を目指した親鸞世界では無理からぬことでしょう。在家とは一般民衆のことです、一般民衆は社会生活をしています、社会生活とは義理の絡んだ損得の世界です。同行同朋、一般門徒衆が爆発的に増えていく中でこの問題は益々深刻化して、聖人を大いに悩ませたようです。

横超（おうちょう）

浄土真宗には「横超」という重要な教えがあります。学生自分この「おうちょう」という言葉の響きに魅せられて全く意味も解らないまま色々空想したものです。大無量寿経に記されています。

横さまに五悪趣をきり

また聖人の『愚禿鈔（ぐとくしょう）』では、

生死甚だ厭い難く仏法また祈（ねが）い難し
共に金剛の志を発（おこ）して横（おう）に四流を超断せよ

と記しています。つまり横超に依って仏教の五種類の煩悩を断ち四生の輪廻から逃れよと言われています。そして横超こそが如来の誓願、他力の本旨であると言っています。

横超は竪超（しゅちょう）に対する言葉です。竪は上に上る、しかも果てしなく高い、超えるのは甚だ難しい。横は高低がありません、だから超えやすい、しかもその道はすぐ隣にある、と私は空想しています。何故か、「如来の誓願、他力の本旨」だからです。他力は〝そのまま〟です。〝そのまま〟は損得の世界に生きる一般民衆です。これはまったくの私見で根拠はありませんが、弥陀の本願成就以来、「二河白道（にがびゃくどう）」はめんめんと平行線を辿り今に至っているというのが私の独断です。二河即ち貪欲瞋恚（とんよくしんに）の道、損得の世界です。そのすぐ隣を白道「阿弥陀如来へ続く道」が平行して走っています。だから超えやすい、

『歎異抄』第一章

念仏申さんと思い立つ心の発（おこ）るとき、すなわち摂取不捨の利益（りやく）にあづけしめ給うなり

という心です。しかしそれが難しい、生死甚だ厭い難く仏法また祈い難し、だからでしょうか。

学生時分ひょんなことから、オーストリアの詩人、リルケの詩集に出逢いそのままのめり込んでしまった苦い苦い思い出があります。リルケは詩人で思想家、親鸞聖人は宗教家なので、単純に比較はできませんが、その思考方法、思考過程が似ていることがのめり込みの主因だと思っています。リルケの時代、欧州は宗教改革の波に揺れていました。法然、親鸞の活動も、それまでの貴族らを基盤とした僧侶集団の仏教から一般庶民を対象とした在家仏教に移行する過程の宗教改革でした。時代、場所こそ違いますが、そうした周りの雰囲気が似ている状況でした。リルケは小説『マルテの手記』の中で自分の思考方法、思考過程を詳しく綴っていますが、彼は神を自分が求

める〝真理、法則〟と捉えています。神を「名前のないもの」と呼びかけています。言葉は意味を包んだ殻です。その殻は既成概念にとらわれた過去の遺物に過ぎないとリルケは言います。名前のないものに新たな名前を探す作業、リルケにとって「詩を作り詠むこと」がその作業だと結んでいます。親鸞聖人がいずれの書物でも、佛とは、如来とはと幾度も違った名前で呼びかけ、その如何なるものか詳述しているのですが、結局〝名前のないもの〟則ち「如来すなわち虚空（こくう）なり」に至った、その思考過程が似ていると思ったのです。それが真理、法則なるがゆえに名前など付けようがないのです。リルケの、ものを愛を持って観ることによって〝意味〟が殻から世界に漏れ出てくる、という観じかたは、〝横超〟に似ている、と勝手に想像しています。横という文字は、横着とか横柄とか今ではあまり良い意味では使われていませんが、元々は横死とか横暴のように「人智では推し量れないほどの大きな力が突然に働いた」時に使っていたようですね。「横竪」とは仏教的には他力自力、あるいは空間時間と捉えています。能楽では横を男性的な声、対して竪を女性的な声としているのが興味深い。文字の持っているイメージをいっぱいに利用して使う日本語ってつくづく奥が深いですね。リルケについてはこれを言うと長くなるし、またこの書の本意ではないので、別の機会に譲りましょう。

一切衆生悉有仏性

「一切衆生悉有仏性（いっさいしゅじょうしつうぶっしょう）」は六道四生と相まって仏教の優れた思想です。

仏教伝来以後、日本国民の意識風土の根底になりました。くだけて言うと「人間に根っからの悪（ワル）はいない」ということです。日本人の所謂〝判官びいき〟も此処からきています。敗者の側に立って物事を考えられる能力です。〝目には目を、歯には歯を〟の格言を持っている国を中心に他国にはあまり見られない、日本国民の誇れる意識風土と思います。判官びいきの元になった義経や道真伝説、また年配諸子のあいだにはいまだに人気の赤穂浪士の物語もこの意識風土にあるでしょう。

戦後、昭和、平成の時間を経てゆっくりではありますが、日本人最大の美徳〝恥の文化〟「誰も見ていなくともお天道様が見ているぞ」という意識が絶滅危惧種になったのが残念です。富士山もかなり汚れているらしいですが、他の山でも少し奥へ入ると不法投棄のゴミの山にビックリすること度々です。街道筋を車で走ると、空き缶やペットボトル、タバコの吸い殻等で悲惨な状況です。ワンちゃんの糞を放置したり、時折話題になるゴミ屋敷なども、恥を恥と思わない精神風土のせいもあるのではないでしょうか。

昨今問題のイジメ現象も、少なくとも私の周りでは感じられなかったですね。多少はあったにしても集団毎に番長的な人物がいて、あまり大事にならないよう目配りが利いていたように今思います。また少々のイジメに屈しない精神的な強さも昔はありました。突き詰めると色々な理由もあるのでしょうが、昨今のイジメ即自殺という精神構造が理解できません。人生を単なるゲームと捉えているのでしょうか。

学級崩壊も一時話題になりましたね。その根本的な原因は戦後日本の平和憲法にあると私は見ますが、これは別の機会に譲りましょう。

要するに「公の中で敗者の側に立って考えられる能力」が薄れてきた、俺が、俺がという悪い個人主義が横行して、単なる個人的なエゴがあたかも当然の権利の主張と誤解している人々が増えてきたのが原因と考えます。今の学校教師の置かれている立場はとても可哀想に見えます。教育委員会とPTAの両方から監視されるがんじがらめの状態で、ただただ問題が起こらないように願う毎日、これでは実の入った教育など出来るわけがありません。事なかれ主義の蔓延を児童、生徒が敏感に感じとり、教師に反抗することが権利の主張であり、また保護者である親もそれを認める、この悪の連鎖が起きているのでしょう。この世の中、俺が、俺がと権利を主張しないと損をするらしいですね。自動車事故でも先に〝ごめんなさい〟と謝ると保険金で損をするとか聞きます。これは正に末法の世界です。親鸞聖人の教えが燦然と輝いている。現代に生きる親鸞聖人、こんな時代だからこそ聖人の真宗を益々力強く息づかせていかなくてはいけません。負けて負けて負ける、これが真宗の本旨だと金子先生も先の本で書いています。

公共物を誤解したり、曲解する輩がいます。例えば電車内で子供を無制限に甘やかす人がいます。公共の場だし子供のすることだからと目をつぶっています。こんなこともありました。割と急流の小川辺で浮遊物が流れてくるのを子供が興味深く眺めているのを見て、その子のおじいちゃんらしき人が、ポケットからありとあらゆるゴミを取り出して子供に与え流れに投げつけさせる、子供はキャッキャッと喜ぶ、挙句の果てに周りのゴミや枯木を拾い集めてきて子供に与える始末。彼等の言い分はこうです。子供が喜んでいるんだからいいじゃないか、ここは公共の場だ、公共は皆のもの、だから俺の物でもある、俺の物に何をしようが勝手だろう、後始末は国か自治体がやるのが当然だ、その為に高い税金を払っているのだ。この理屈に一面の理もないことは自明です。「恥の文化」を育て育んでいくには、それが壊されてきた時間以上の期間が必要です。百年はかかるかも知れません。それも明確な目指すべき指標があってのことです。憲法しかありません。権利と同等の義務があることを憲法に明記し、その実践は教育に委ねる以外ありません。

一切衆生悉有仏性は親鸞聖人にとっても重要な命題だったに違いありません。『教行信証』にも随所にこの言葉が出てきます。〝生きとし生けるもの全てに仏性あり〟

何故に？　聖人は『歎異抄』第五章「一切の有情皆もて世々生々の父母兄弟なり」に根拠を求められました。摂取不捨の弥陀の誓願に依っていずれ皆が仏になる、則ち悉有仏性というわけです。

往還二廻向

往相廻向（おうそうえこう）、還相廻向（げんそうえこう）は浄土教の、とりわけ真宗では大事な教義です。『教行信証』で繰り返し繰り返し取り上げられています。『歎異抄』でいう、

　ただ自力を棄てていそぎ浄土の覚りを開きなば

が往相で、

　六道四生の間いずれの業苦に沈めりとも
　神通方便をもってまず有縁を度すべきなり

が還相です。自利が往相、利他が還相です。『教行信証』で自利とはこういうもの、利他とはこういうもの、と詳述していますが、最終的に、

行と言うは即ち利他円満の大行也

と結んでいます。お念仏する事は自利の大行でありますから、つまりは〝自利利他円満〟と言うことです。金子先生が先の書で、

門徒衆の奥様が台所の途中でお仏壇にお参りに行くのが往相
台所に帰ってまた朝餉夕餉の支度をするのが還相

と言っております。上手い例えだと感心しました。続いて先生は次のように言っています。

過去の宿縁で偶々人間として生まれ、弥陀の本願に出逢った、死んで仏になり、その力で衆生済度するというように過去、現在、未来が時間的に一直線に並んでいるように考えるのは間違いである。現在を中心とした過去、未来は立体的なもので、しかも各々異次元空間である。

異次元という言葉に心惹かれます。異次元だから夢の世界、お化けの世界、幽霊の世界です。化生のものだから過去、現在、未来、どこへでも簡単に行き来できる、私の家内の母親が亡くなった時のような現象が起こりうるのかなと、しかしあくまでも空想です、実証はできません。夢の世界、または夢のような世界ですから長居はできません。長居すると人間が壊れてしまうからです。

自利と利他は円満している、いや努めて円満させなくてはいけないが正しい言い方かも知れません。何故なら行であり、大行だからです。

行は〝おこない〟であり、日々の生活です。過去、現在、未来が構成する立体的な場所で自利と利他は円満している、円満とは円という立体的な球体のような中でお互いに融通しあっていることです。つまり自利と利他、往相と還相ははっきりとは区別がつけがたいということです。自分の研鑽を求めて日々努力する、一、二歩前に進む、お陰様で「おかげ様」が解った慶びを周りの人たちに伝える、周りの人たちもそれを喜び感動する、これが自利利他円満です。

釈尊と親鸞

親鸞聖人は宗教者として当然のこと、衆生済度を第一に考えました。法然上人の了解の下、公然と妻帯者となり、図らずも流人の身となりました。もう僧でもなければ一般庶民でもない、愚かな禿（はげ）〝ぐとく〟と名乗り、「小慈小悲もなき身にて有情利益は思うまじ」から「ただ自力を棄てていそぎ浄土の覚りを開く」ことが衆生済度の早道である、という了解に至りました。まさに金剛の志をもっての精励のはての結論でした。これが「上求菩提下化衆生（じょうぐぼだいげけしゅじょう）」の心でしょうか。この〝金剛の志〟が大事なことです。ある僧侶が「真宗は何もしないのが一番だ、何かしようとするとすぐ自力のはからいが入ってくる」と言うのを聞いたことがありますが、これは誤解でしょう。これならまだ「造悪無碍」の方がましです。とにかく前に進もうという意気込みが感じられます。金子先生はこう言っています、面倒な聖道門の修行なんかしないで、この機そのままで助けていただこうという〝横着な根性で〟真宗を聞いているのは良くないと。聖人は『歎異抄』の中で言っています。「弥陀の五劫思惟の願をよくよく案ずればひとえに親鸞一人がためなり、されば若干（そくばく）の業（ごう）をもちける身にてありけるをたすけんと思召したちける本願のかたじけなさよ。」

またこうも言っています。「ただ念仏して弥陀にたすけられまいらすべし、この上は念仏をとりて信じたてまつらんともまた棄てんとも面々の御計らいなり。」

釈尊の言葉として「天上天下唯我独尊」があります。我一人尊しは、我一人尊しくあらねばならぬという釈尊の決意の顕れであろうと解釈できます。上求菩提の心です。いそぎ浄土の覚りを開くという聖人の心と同軸です。続いて釈尊は「阿難よ、他人を拠り所とせず自らを島とせよ、法を島として法を拠り所にせよ」と諭しました。これは「ただ念仏して弥陀にたすけられまいらすべし」と同じ思召しです。釈尊からインド、中国、日本の七高僧等を通じて〝親鸞一人が為なり〟までめんめんと繋がる阿弥陀如来の本願の道が観ぜられます。

仏さま

いままで仏とは何ぞやという命題の参考資料にと、先輩方の意見をお借りしながら綴ってきましたが、いよいよ結論に至ります。しかし長々と引き延ばしてきた割にはあまりにも軽薄で手近な結論なので、皆さんの中にはコケ転んでしまう人もいるかもしれません。

私にとって仏さまは両親です。親の子を思う〝まことの心〟です。

それはおかしいと言われるでしょう。子を虐待したり、殺したりする親もいるじゃないか、しかしそれはまことの心ではありません。地獄餓鬼畜生修羅の世界です。私の親はぐうたらで仏どころか顔も見たくないという人もいるかもしれない。しかしそんな人も、あの人が親ならいいなという理想の親像はあると思います。親の親、そのまた親を訪ねて行けば人類全て親兄弟姉妹なのです。五劫十劫辿れば法蔵菩薩因位の時、則ち阿弥陀如来に通じています。子を思う親のまことの心は人間より動物界を見た方が解ります。ライオンやトラ、ペンギン等の子育ての映像を見ているとつくづくそれを感じます。

一般常識的には間違った親の愛もあります。「偏愛、溺愛」です。それに依って忌まわしい事件が起こることも歴史上しばしばです。事実真宗教団が西と東に大きく分断されたのも、当時教主だった教如から溺愛する末子の准如の為に教主の座を奪わんと画策した母如春尼のせいだと言われています。偏愛、溺愛は他の動物には見られない悲しいかな人間だけが行使する愛です。しかしながらこの「偏愛、溺愛」こそが阿弥陀如来の慈悲の姿そのものなのです。宿世の業というクモの糸に絡めとられた煩悩熾盛の人間を慈しみ悲しむ心、韋提希夫人が自分を殺そうとした我が子阿闍世を赦しその心の病を癒やしていく心、自らの弱さを知り、心からの菩提心を発した衆生を、阿弥陀如来は溺愛なさるのです。「汝よ、来たれ」と迎えるのです。「悪人正機」自らの煩悩熾盛に目覚め、その苦悩から脱出したいと願う人間を、厳選して迎え入れようと、じっと待っているのが阿弥陀如来の慈悲の心です。一切衆生悉有仏性です。仏性とはまことの心です。まことの心の結晶、象徴として虚空の如き阿弥陀如来が観ぜられます。色々な宗教書を見ても、自分の親が仏の原形、実態だとは書いていません。〝親の子を思うまことの如き〟如来の慈悲と言って、それらしいことを匂わせているばかりです。しかしそれではストンとは了解できないでしょう。自分の親だからこそ、あのライオンの子等のように、その〝来いよ〟という呼びかけに無条件に応じて、乳を求めて巣穴から飛び出してくるのです。これが絶対他力の世界です。仏さまは何もしてくれない。およそ人間的な力を考えれば佛ほど無力なものはない、と金子先生は言っています。続いて、仏の力は山を動かす力でもなく、他を征服する力でもない、涅槃（さとり）に向かわせる力である、と言っています。親は何もしない、ただ木の上に立って見ているだけです。〝まことの心〟にいつも見られていることで、子はまことの道へ進む力を得ることができる、と先生は結んでいます。

人間こそが〝不可称不可説不可思議〟な物体です。人間だけが過去、現在、未来を内包している、六道四生を体現出来る奇妙奇天烈な物体です。正に「名前のないもの」、名前の付けようがないものです。ならば人間が神、仏なのか、いや絶対に違う。そんな矛盾、パラドックスというクモの糸に乗っかっているのが人間です。そんな人間＝自分に出逢わせていただいた、またそれを知らしめてくれた機縁に感謝するだけでも私は充分と思いますが、磨けば輝くだろうものをこのまま闇に捨てるのはいかにも勿体ないというわけで、人間力の飽くなき追求が人類のこれまでの歴史です。これを幸とみるか不幸とみるか難しいところですが、煩悩具足の人間であれば仕方がないところでしょう。その行き着く先は見えませんが、先人の功の部分は素直に褒め称え、負の部分、副作用の部分を努めて除いていく作業を怠らないことに尽きるでしょう。そして何事が起こっても動じない仏の心を常に忘れない金剛の志を養うことです。金子先生は「お陰様で心残りなく死んで行ける」力だと言っています。何も難しく考えないで、与えられた人生をそのままの姿で、分を尽くす、一歩二歩前に進む、お陰様でここまで生かさせていただいた、その悦びを仏壇で親に報告する、それでいいんです、と語っておられます。

仏さまには人間的な力は全くありません。それは涅槃（さとり）へと導く力です。人間は大きな不幸に遭うと「神も仏もない」と口にします。正にその通りです。先の東日本大震災は未曾有の大災害でした。津波がなんの躊躇もなしに人間を飲み込んでいく映像は正に地獄絵図そのものです。歳老いた自分の無力さをしみじみ感じます。あれから八年余り経ちましたが、いまだに時間が〝あの日、あの時〟のままで止まったままの人がいるのではないでしょうか。一日も早い復興、物的なものに並んで心的な復興の早からん事を願うばかりです。

浄土真宗は感謝の宗教

浄土真宗は感謝の宗教、これがこの書の本旨です。

親鸞聖人は『歎異抄』で、「親鸞は父母の孝養のためとていっぺんにても念仏申したること未だ候はず」と言っていますが、字面とはうらはらに父母に対する感謝の念に溢れた言葉だと私はみます。

なにも声高に念仏など唱えなくてもよい。第一に父母、兄弟姉妹、家族、妻、そして自分を取り巻く人々、さらには雨露を凌いでくれる家屋、衣服、折に触れて自分を癒やしてくれるベランダの鉢花、ペットのワンちゃんニャンちゃん、等々自分を支えてくれているすべてのものに対する感謝の念、「ありがとう」が南無阿弥陀仏と同列だと思います。「なんまんだぶ」は仏教徒にしか通じませんが、「ありがとう」は万国共通です。この感謝は現状甘受の消極的な感謝でも良いのですが、出来れば現状打破の、能動的な、生産的な感謝、であってほしいものです。利他の心です。少しでも人類のために、この地球のために自己を研鑽する、少しでも前に進めば自分も嬉しいし、他人も喜ぶ、これもまたみなさんのおかげだと感謝する、自利利他円満の連鎖です。

「ありがとう」が「南無阿弥陀仏」と同列という私の仮説が正しければ、日本人は勿論のこと、阿弥陀の何かを知らない地球上全ての人に門戸を開き、親鸞聖人のお浄土はお待ちしているでしょう。虚空である阿弥陀如来がお住まいのお浄土です、定員などありません、満員になることもありません。

改めて申し上げます。真宗は感謝の宗教です。現在のこの私を生んでくれた生みの親様であられる阿弥陀如来を仰ぎ見て、「日々見守って頂いてありがとうございます」と感謝しつつ、その御恩に少しでも報いたいと、その置かれた立場、立場で与えられた分をしっかり尽くす、さらにその力を与えてくれた親様（阿弥陀如来）に感謝する、これが親鸞聖人の真宗です。

私は学生時分からつい最近まで、親鸞聖人に関する研究書や解説書等に接することに躊躇するきらいがありました。なにか言葉では説明できない漠然とした聖人に対するイメージがありまして、それは私にとって侵すべからざる聖域でした。それが壊されはしまいかと心配だったのでしょう。この書を書き始める中で自然の流れのまま先の結論に至りました。則ち、佛とはこの現在の自分を産んでくれた父母である、それを気付かせてくれたのも佛のはからいによるものだ、そして「感謝の宗教」それが真宗だという心です。これさえ押さえておけばなにも怖いものはない、ということで今までの重荷から解放された気分です。難しい言葉なんて知らなくていい、やれ三信だ、三心だ、和讃のどの部分が往相でどの部分が還相だ等々研究者に任せておけばいい。実際聖人の書いた漢籍の書物は難しい、でもそれでいい、敢えて理解しようと無理しなくていい。もし『教行信証』や経典等を読む機会があればそれもよし、一編の童話を読む心持ちで読まれたらよろしいかと思います。その中で自分の心にカチンと響く言葉に巡り逢った時、色々空想を膨らませていくのも楽しいかもしれません。

優曇華（うどんげ）の花（はな）

この言葉も他の宗教には類例のない、仏教の優れた面を表していると思います。六道四生の転生の間に偶々人間として生まれ、この阿弥陀如来の仏法に出逢ったことは、三千年に一度しか咲かない優曇華の花を見たのと同じ事、極めて稀な貴重な体験です。

「何ぞ衆事を棄てて各（おのおの）強健（ごうけん）の時に及んで努力（ぬりき）して善を勤修し精進に度世を願わざる」

「一世に勤苦（ごんく）すと雖も須臾（しゅゆ）の間なり」

大無量寿経より引用しましたが、こんな貴重な体験を無駄に見過ごすのは勿体ない、苦しいといってもあっという間に時は過ぎてゆきます。人間として生を得た宿縁に感謝し、頂いた一生を精一杯悔いのない一生にしよう。努力して善を勤修しよう、後から付いてくる達成感を考えてごらんなさい、人間よ頑張れ、フレーフレー人間、というわけです。これ程熱烈に、人間にエールを送っている宗教は仏教をおいて他にないでしょう。金剛の志を持って精進する者だけが味わえる満足感。やがては「生きてて良かった」から「お陰様で」に変わるでしょう。そして「お父さん、お母さん、こんな自分を産んでくれて、育ててくれてありがとう」の了解に至るはずです。ありがとう、お陰様で、の心には「御恩に報いたい」という心が付いてきます。後から続く後輩の為に、少しでも住みよい地球を残してあげたい、その為に自分は何ができるか。これが一番大事なことです。各々の置かれた立場で、分を尽くす、再三出てきますが、これしかないでしょう。利他の心を忘れないでほしい、これが本旨です。

いま流行の「何々ファースト」、全くエゴ丸出しにした言葉であまり好きになれないですね。政治家は選挙で当選することが一番なのは解りますが、それだけしか考えない、自分の保身しか頭にない姿勢はいただけません。日本が中心になってやっとまとめたＣＯＰ21、ＴＰＰは無視、無分別に北朝鮮に近づくと思いきや、イランには喧嘩を吹っ掛ける、中国にも脅しをかけどうしです。自分の気にいらない意見は排除する、駄々っ子同然です。占領国アメリカさんにはあまり逆らえないのでしょうが、まったく困った人が指導者になったものです。まあ選挙しか考えないのはお互い様、そんな輩は我が国にも沢山いるし、お隣韓国の大統領もその類いらしい。こういう人に利他の精神を説いても馬の耳に念仏で、聞く耳を持たないのでしょうね。この先、後輩たちはどんな世界を見るんでしょう。それにしても、温暖化の現象だけでも、後々の地球の為に、なにか対策を考えてほしいですよね。

仏教の自慢話

この書を書き綴っている間に気付いた事ですが、仏教の卓越した面が随所に感じられて、我ながらにつくづく感心しビックリもしています。第一に仏教は、一つ人間界だけの法に限らず、宇宙規模を擁した思想である点です。日本で見ても、天台宗、真言密教、律宗、華厳宗等々その依って立つ仏典の違いで、数え切れない程の多岐にわたっています。包容力の広さを示す仏教の優れた一面を物語っていると思います。浄土教もその中の一宗派です。その典拠とする仏典、大無量寿経に出てくるのが、六道四生、輪廻転生の思想です。そこから一切衆生悉有仏性という教えが派生してくるわけです。前にも触れましたがこの考え方は、人間に限らず地球上全ての生きとし生けるもの全てが、親子、兄弟姉妹の関係にあるという、究極の平等主義、平和主義の考えで博愛精神に満ちた思想です。「いちいちの花の内よりは」の和讃のように、眼前にいっぱいに広がるお花畑の風景、周りは仏様で満ち溢れているかと思うと感動もひとしおです。皆さんも観光旅行に出掛けることがあると思います。一つ一つの風景に感嘆の声を上げることも度々でしょう。その風景の裏で自分の生まれる前の親、兄弟が見ているのだ、あるいはこれは仏様が示されたお浄土の姿ではないかと思うと、また別の見方も出るのではないでしょうか。元々色々な自然現象には何らかの神秘的な力が関わっているという思想は世界共通のことで、それにまつわる神話や民話が数多く残っています。日本神道も元は太陽信仰から生まれたのではないでしょうか。日本の先住民族アイヌ人は、人の死をそれ程厭わしい事件とは捉えず、「あのお山に行ったんだよ、いつかまた戻ってくる」と考えている、と民俗学者の柳田國男氏が言っています。この考え方が浄土教の西方浄土に似ていて、元々浄土教を受け入れやすい土壌が日本にはあったと氏は推論しています。そうした元からあった土着信仰に理論的根拠を与えたのが輪廻転生の思想ではないかと推論します。一切衆生悉有仏性から親鸞聖人は絶対他力まで極めたのですが、ひらたく言えば「身の回りの自然も含めて皆、親子兄弟姉妹なんだよ」だからみんな仲良くしようよ、草木田畑を大事にしようね、自分がここに存在するのは皆さんの支えのお陰です、本当にありがとうございます、という考えです。これが親鸞聖人の絶対他力の根底です。

仏教は元来「自然体であれ」という教えだと私は理解しています。

お釈迦様が厳しい修行の末に悟りを開いたとき、先ず清水で沐浴し沙羅双樹の下で美味しい食事を召し上がったという言い伝えは、それを象徴する出来事だと解釈します。腹が減っては戦ができぬ、何事も先ずは健康であれ、自然体であれ、との教えの根底でしょう。

親鸞聖人の浄土真宗はそれをもっと突き詰めて重要な教義にまで高めました。商人は物を売買し、猟師は野山で獣を追う、漁師は魚をあさり、農民は田畑を耕す。何事も自然体であれ、強欲はいけない。

例えば賭殺の仕事、もっとひどいのは刑場での死刑執行人、考えれば残酷な事ですが、しかしその仕事が他の人にとってなくてはならない仕事ならば、その業が仏法において許されないわけがない。例えば愛欲、修行によって心身を清めれば愛欲は防げるかもしれない、しかしそれでは人類は滅びる、どう見ても自然体とはいえない。男女が恋をする、愛を育みやがて新しい生命を宿す、これが自然というものでしょう。そうした生々しい自然体の生活の中で、現状打破の向上心を鍛えてほしい、決して驕り昂ることなく、親を慕い、諸先輩方を敬い、国を思い国を愛する、お陰様での心、総じて「利他の心を忘れない」これが平和日本の基本です。この願いが通じれば我が国の未来は錚々たるもの、幸福度抜群、他の国から羨ましがられる憧れの国となるでしょう。後輩たちよ、頑張ってください、と願うばかりです。

開拓部落の思い出

この章は多少愚痴っぽくなりますが、ご容赦の程を。

私の父親は真宗札幌別院の修行僧の時、先の戦争の開戦に遭いました。召集と同時に中国の真宗蘇州別院に派遣され、私はそこで産まれました。間もなく終戦を迎え本土への引き揚げ者になります。ご存知のようにそれはまあ悲惨なものだったそうです。本土に生活基盤を持たない引き揚げ者は哀れなものです。あの『人形の家』の歌詞のよう、頼りにしていた国家にも本願寺にも見放され、右往左往の末北海道の北、天塩郡共和地区という開拓部落に荒れ寺と幾ばくかの土地をあてがわれました。荒野同然の土地だから、当初の二～三年は明日食う食糧もない程困窮したそうです。麦飯ならいいほうで、西瓜や鞘エンドウ、ジャガイモやトウモロコシが代用だったことの方が多かった。借金をして馬を買いました。当時百姓にとって馬は家族同様、大事な家畜でした。続いて豚、鶏、羊も飼いました。そんな中で、豚や鶏を処分する現場も目の当たりにしました。羊の赤ちゃんがダニに全身覆われて失血死したのも見ました。残酷な風景が今も目に焼き付いています。馬ですが、冬を除いて農閑期は共同の放牧場で放し飼いにします。放す際、目印の焼印を付けるのですが、それを迎えに行くのに立ち会った事があります。父親が奇妙な唸り声を何度か発すると、何処からともなく一頭の馬が駆け寄ってくるではありませんか、飼い馬なのです、感動的でした。馬は非常に勘の優れた生き物で、飼い主の父親を二〜三キロ離れた場所でも感知するようです。馬小屋の馬のしぐさを見て母が「もうすぐお父様が帰ってくるよ」とよく言っていました。放牧の中で身ごもったのでしょう、暫くして仔馬が産まれました。獣医さんが徹夜で見守ってくれたそうです。誕生の瞬間も見ました。羊膜のままボトリと落ちた仔馬の羊膜を舐め除いていると、そのなかで必死に四つ足で立ち上がろうとする姿、身内の者だったら誰もが感動する場面でしょう。仔馬が一歳になろうかという ある日、父が馬小屋の内側から分厚い板で頑丈に目ふさぎをしました。何事かと見ていると、次の日、知らないおじさんがその仔馬を引いて何処かへ連れ去ろうとします。今思うと売られたのです。後ろを振り向き振り向き切なく啼く仔馬、さあ残された親馬の暴れようは凄まじいものでした。父の作った頑丈な柵が無かったら、恐らくあのおじさんは怒り狂った親馬に蹴り殺されていたでしょう。それが主な原因だろうと思いますが親馬も間もなく病気で亡くなりました。飼い豚にも似た話があります。やはり生活の為でしょう、仔豚を売りました、ところが売られた先からその仔豚が逃げ帰ってきたのです。距離にして四～五キロはあるでしょうか、殆ど一直線に、その間には細い水路も何本かあります。さすがに父もその時は売るのを諦めました。猫もいました。全身黒毛の精悍な猫です。仔猫を産んだ、貧乏で家じゃ育てられんから棄てるんだったら早い方がいいということで、段ボールに詰めて兄と二人で捨てに行きました、さすがに後ろめたい気分で「可哀想なことしたね」と話し合ったものでした。ところが次の日、猫の巣穴を覗いてみると全員戻っていました。仔猫がそんな距離歩けるわけがないので、恐らく親猫が何往復もして咥（くわ）えて連れ戻したのでしょう。蛇の仇討ちも見ました。兄の遊び仲間で中学生ぐらいのやんちゃ坊主が夏場、水辺で蛇の巣穴を見つけました、幸か不幸か親蛇は留守でした。一人が小蛇のかたまりを取り出していたずらしだしました、仲間もやんややんやと囃し立てる、すると水辺の向こう岸から親蛇が凄い形相で鎌首を持ち上げて向かって来ましたね。蛇って飛ぶんです、こっちの岸近くまで独特のくねくね泳ぎで、上陸寸前でそのやんちゃ坊主等に向かって跳びかかったのです。あまりのことに幼い私は目を背け、その後のことは記憶から消えています。

今ひとつ不思議に出逢いました。自然界の動物たちの親子の絆の強さは只々驚くばかりです。

頃、親戚の家に居候したことがあります。親子の絆とは関係のない話ですが、私が高校生の頃、親戚の家に居候したことがあります。その家に老猫が飼われていました。日々の餌やりは叔母さんがしている、私もそれ程可愛がったわけでもありません。しかし私が一番暇人らしいことは分かっていて、いつも私の膝の上で昼寝していました。そんなある夜更け、猫の啼き声に起こされました、見るとネズミを生け捕りにして枕元にいる、思わず腹ばいになって眺めていた時の、老猫の誇らしげな仕草は今でも忘れません。飼い主に見せるなら解る、明らかにその家の客人である私に自分の功績を見せびらかしにきた理由が今でも理解できないのです。一番単純そうで、こいつなら俺のことを褒めてくれそう、と思ったのかな。人間に飼いならされていると、猫でも褒められたいという感情が湧いてくるのでしょうか。

北海道の思い出話はまだまだあります。冬場マイナス二十度以下にもなる極寒の地での十数年の体験は、結局身体がついていかなくて離村せざるを得なかった父母にとっては忌まわしい記憶でしょうが、幼い私の場合、全ての出来事が美化されて心の中に深く沈殿し、遥かなる大地の呼び声さながら、一つ一つの場面が童話（メルヘン）のように甦ってきます。恐らく離村したという事実がその思いを増幅させているのでしょう。

阿闍世（あじゃせ）コンプレックス

この章は中央公論社版の『歴史と人物』という雑誌に掲載された小此木啓吾氏の論文から引用させて頂きました。恥ずかしいかな、私は従来この話を誤解していました。観無量寿経を通り一遍目を通しただけの理解で、親殺しという大罪を企てるような子を持った韋提希（いだいけ）夫人の嘆き悲しみを救うため釈尊が説法をした、夫人の覚醒の過程を描いた物語とだけ理解していました。ところがこの論文によればもっと深いものがある、阿闍世物語は王舎城というごく狭い空間で繰り広げられた、人間の親子関係の根源的な葛藤や苦悩を浮き彫りにした、まるで一編のミュージカルを観賞しているような壮大な物語です。親鸞聖人もその点に注目して『教行信証』にも取り上げられています、とこの論文で書いています。目から鱗の思いです。

小此木氏によると、深層心理学上二つの心理がある、一つはエディプスコンプレックス、今一つが阿闍世コンプレックスです。エディプスコンプレックスの上で成り立っているのが日蓮の宗教、阿闍世コンプレックスを根底にしているのが親鸞の宗教、と言っています。

阿闍世物語は仏教関係者の間では周知のことでしょうが、あまりよく知らない人のため大雑把に説明します。

阿闍世物語は「涅槃経」「観無量寿経」等に出てくる、古代インド王舎城の王子阿闍世の物語です。阿闍世は佛敵の提婆達多にそそのかされます。「お前の母韋提希は王の愛を失うのを恐れて早く子供が欲しいと思った、その為三年後に生まれ変わるはずの仙人を殺してしまった、それでお前が生まれた」この嘘を信じて彼は父王を殺し、母をも殺そうとしますが、母殺しは地獄行きの大罪だという側近の注進を受け、母を牢屋に幽閉してしまいました。何の因果でこんな子が生まれたのか、そして何故こんな苦しみを受けるのか、牢の中で嘆き悲しむ韋提希夫人に釈尊は諄々と説法をします。夫人はまことの母の愛に目覚め、自分を殺そうとした我が子阿闍世を許す（ここまでが従来の私の理解です。この後は小此木氏の解説です）。一方阿闍世は提婆達多の言の嘘を知り、母を殺そうとした大罪に恐れ慄（おのの）き苦しみ、挙句の果てに心身症に陥り、身体中が臭い吹き出物に覆われてしまいました。助けるどころか近づくことさえ拒まれ、寂しく病床に伏す阿闍世、もう助かる見込みがないと言われた阿闍世を、韋提希夫人は必死に看病しました。その姿に阿闍世は、自分の罪の深さを知り、心から謝る気持ち、心から赦してほしいという気持ちが起きました。

　これが物語の概略です。母殺しの大罪を赦し、罪に慄き苦しむ阿闍世に必死に救いの手を差し伸べる韋提希夫人、その姿に自分の罪の深さに気付き心から赦してほしいと願う阿闍世、これが阿弥陀如来と衆生の基本的な姿であり、親鸞の真宗の根本的な構図であると小此木氏は言っています。この本で「未生怨（みしょうおん）」という初めての言葉に出逢いました。生まれる前から抱いている恨みという意味です。阿闍世はこの恨み、つまり大王の愛を得る為に望まれず自分は生まれてきた、という恨みに依って父母を殺そうとしました。人間の心の根源的な問題がここに提示されていると小此木氏は言います。少し長いですが重要なので原文をそのまま引用します。

「人間が生まれる以前、父母の男女の営みを介することでしか生まれない、にも拘らずあくまで子供にとって父母は（理想の）父母であってほしい。父母が親である以前に男女であり性的な欲望にかられた存在だという根源的なジレンマ。」

「近代的な自我の意識から言えば、常に人間は自分で判断し自分の意志に依って物事に関わり、自由意志の尊厳を保とうとする。しかしながら、そもそも人間が何時何処でどんな人間として生まれてくるかということは、自分の意思を超えた現象である。こうした根源的な疑問、あるいは運命に対する抗議が未生怨である。」

「頼んだわけでもないのに何故産んだ、勝手に産んだのだから俺の人生全てに責任を持て、これが未生怨である。」

親鸞聖人がこの未生怨をどのように捉えたのか詳らかではありませんが、いずれにしても五劫思惟にも等しい思考研鑽を経て「念仏してたすけられまいらすべし」の了解に至りました。

リルケの分身マルテもこの運命に苦しみました。苦しみもがきぬいた末に、この小説の最後尾で、成功するであろうとの希望的観測のもと旅に出ます。愛することを目指す旅です。愛されることを拒否する純粋な「愛すること」を追求する旅、孤独な長い旅になるでしょう。

この根源的なジレンマを子供が納得し克服するには、子供自身の側の心の発達が必要で、幾多の悩みを経験しなければならない、それには長い時間が必要だろう、と小此木氏は結んでおられます。

阿闍世物語を根本的な経典の中に取り込んで語る意義は限りなく大きい。仏教の広さ、深さ、すばらしさと、それを『教行信証』の中で引用し、教義として深めていった親鸞聖人に喝采を贈ると共に、感謝の意を表する次第です。

親鸞聖人と私

私は大谷大学を卒業してなんの資格ももたないまま社会に飛び出しました。親の期待を尽く裏切ってきた日々でした。坊主になるべくして育てられた私は、一時、詩人かある種の思想家として生きていけないか模索した時期もありました。何事においても面倒なものは直ぐに投げ出してしまう根っからの怠け症の私なので、そんな後世者ぶった生き方に耐えられず、遅かれ早かれ潰されていただろうと思うと、今のこの生活を〝まあいいか〟と捉えています。家内もまったくの一般人で、親鸞聖人が何者か知りませんし興味もありません。夫婦間での宗教的な会話は皆無です。そんな中でたまにこっそりと聖人のお言葉に触れさせていただいている次第です。まあいいか。

親鸞聖人を語ると必ず蓮如上人が出てきます。第八世として真宗中興の祖と教団内では崇められている一方、親鸞ファンの知識人には非難の的になっている方です。私はここでも公平な目が必要と考えます。強固な組織が無ければ、つまり親鸞聖人の理想である在家信仰者集団のままでは、異端、邪義の嵐の中で藻屑のようにかき消されてしまったでしょう。学生時代、それでもいいと言う意見もありました。「私が死んだら賀茂川の魚にでも食べさせて」と聖人が言ったというまことしやかな伝説を盾に、あくまでも在家信仰者集団のままでいるのが聖人の希望だったという意見です。ここまで言われると反論の余地はありません。同じような関係が〝国家と軍隊〟にもあります。

多くの反戦論者は軍隊（自衛隊）は要らない、その予算をもっと貧しい人々の為に使うべきだと言います。ごもっともな意見です。しかし予算の使い方に関する意見は必要ですが、軍隊が要らないというのは行き過ぎでしょう。それは崇高な理想ではありましょう。お釈迦様も大無量寿経の中で「仏教精神を以て国を治めれば、天下和順し、国豊かに民安く、兵も武器も用いる事無く、徳を尊び仁を興し」と言っています。しかし兵も武器も使わない、と言っているだけで決して持たないとは言っていません。

しかも使うのは、ここでは自国の民に対してです。つまり「仏教精神で国を治めれば、国内は平和になり、デモや暴動など起きない、だから鎮圧の為の兵も武器も使わなくてすむ」というわけです。兵や武器をどの程度にするかは、その国の基本的な政策です。政教分離の立場から、お釈迦様が国に対して「兵も武器も持つな」などと言うわけがありません。およそ近代国家の中で軍隊のない国家は存在しえないのです。どこかの属国になるしかない、しかしその国にも必ず軍隊はあります。日本軍は確かに無くなりますが、宗主国の軍隊に編入されるだけです。それでもいいとまで言われるなら、これもまた反論の余地はありません。

話は横に反れますが、先の第二次世界大戦に対する私の見解を簡単に述べさせていただきます。あの戦争は起こるべくして起きた戦争です。二次にわたる蒙古襲来からロシアとの日本海海戦を経て、戦えば負けるはずがないという神風神話が日本人の心を席巻していました。「鬼畜米英」なんて言葉も当時のマスコミが作った言葉です。誰があの戦争を止められたでしょう。戦争反対を言う勇気ある人も何人かはいたでしょう、しかし国民の声にはなりませんでした。沖縄戦の惨状を見ても、まだ本土決戦に備えて、竹槍ででも戦う気概が国民間にありました。広島、長崎の原爆投下を見て、やっと「負けた」と言っても許される空気になったのです。そして負けるべくして負けた。やはり物量に負けた、持てる国には叶わなかった。〝負けて良かった〟というのが大概の感想でしょう。もし勝ってでもしていたら、日本の民主化は相当遅れていたでしょう。あの戦争の責任は日本国民全員が負うべきものです。偶々東條秀機が時の宰相で、A級戦犯として罰せられましたが、彼は火中の栗を拾わされた言わば犠牲者です。日本人を代表して刑に処せられたのです。歴代の首相が靖国神社を参拝するのは、政教分離の憲法に違反しているので反対ですが、東條がA級戦犯だからといって分祀しろという意見には賛成しかねます。あの戦争は日本人全員で起こした戦争だからです。戦争は一個人のせいでは起きません。国全体がそんな雰囲気になるのが怖いのです。戦後七十年余り、何かきな臭い言動も見聞きします。国家間の緊張の中で、戦争だけは回避できるよう知恵を絞る、近隣諸国と平和に過ごせるよう願うばかりです。

本願寺の話に戻しましょう。結論的にやはり本願寺は必要でした。事実明治中期頃まで親鸞聖人の存在すら疑われていました。蓮如上人が事実上築いた強固な組織の象徴である本願寺宝物庫から、十通の恵信尼書状が発見されて聖人の実在が証明され、同時に親鸞研究の面目も膨らみ、色々な重要な研究書の発表が相次ぎました。この事実に鑑み、蓮如上人の負の部分には目をそらすことなく、組織は組織として、信仰面では常々親鸞聖人の理想精神に回帰するよう努力するしか方策はない、というのが私の結論です。

附録

これは二〇一四年頃から二〇一八年にかけて私の日頃の考えを記録したものです。この書の補完としてお読み頂ければ幸いです。

第二国歌を作ろう

誰もが喜んで唄える国歌がほしい。国歌こそ国民統合の象徴だと思います。広く公募し公平公正な有識者の方々に選んでいただき、最終的には国民投票で一曲に決定するのが良いと思います。教師、生徒、付き添いの父母等一体となって声高らかに唄ってこそ感動し、勇気が湧き、明日に向かって頑張ろうという気分にもなりましょう。その高揚心こそ国を前に進める原動力になり、国家の繁栄に繋がると思います。君（君主）は無くとも、お天道様は必ずいます。人は生まれつき悪い人はいない、だから話し合いましょう、だから、たとえ誰も見てなくとも悪いことはするまい、という恥の文化、日本人の最大の美徳が失われつつある今、公権力で無理やり唄わされている多数の教師達に救いの手を差し延べるのが唯一の解決策だと思います。第二国歌を作ろう！

学校教育について

敗戦を契機に日本の教育は大きく変わりました。それまでは富国強兵という大きな国家目標があったので、天下国家の為、人材を送り出すのが教育の仕事でした。日本国民は戦争に反対の人も含めて、常に国家と対峙していました。国を豊かにすることは永遠のテーマです。この国を愛しこの国を誇りに思うような教育を望みます。そうした国家国民の為に人材を育てるという教育目標を思い出してほしいものです。国家国民の為という精神的支柱があれば、数々の警察、検察の不祥事は無かったでしょう。ＡＩＪ事件、オリンパス事件、その他多くの刑事事件全てが単なる個人的な甘えが要因です。天下国家の為という気概が日本の政治家にいま少し多ければ、戦後、三十数人もの首相が生まれなかったでしょうと私は思います。

天皇制について

今この時代に天皇陛下がいらっしゃること自体不思議です。しかもこの陛下には、なんの権限もありません。発言の自由も定年もありません。そのくせ公務、儀式が沢山あって結構お忙しいと聞きます。主権者である国民に皇室典範というアシカセをはめられているようで痛々しくもあります。天皇制を維持する為には一般国民をこの渦に巻き込まなくてはいけません。これが又悲劇です。美智子妃殿下もたいへんご苦労なさったと聞きます。雅子妃殿下はご病気にまでなられました。一般市民が千年の伝統の中に溶け込むのは並大抵のことではありません。男系の継承者がいなくなるので政府も慌てているようですが、これを機会にすっぱり天皇制を廃止して差し上げるのが一番の解決策だと思います。

国土美化推進隊の創設を提案します

国土の美化、ボランティアの充実、社会的連携、絆の強化、そしてなによりも青少年の心技体三拍子そろった健全な育成につながり、一石二鳥にも三鳥にもなろうと提案します。高校三年を終え大学に進む前の二年間、特別な事情がない限り義務として入隊してもらい、富士山等全国の公園や主要道路脇の不法投棄ゴミの撤去清掃を主なる任務とし、不幸にして大災害の起きた時は、自衛隊の後方支援をし、冬豪雪地帯の雪下ろしも任務に加えましょう。衣食住すべて自分で出来ることは自分でやる、日々心身を鍛え、就寝時までの空き時間には、その時々のテーマ毎に何をすべきか徹底討論を繰り返し、論文を書いてもらうのもいいでしょう。飛び級制で頭でっかちの人材育成を急ぐよりこんな寺子屋風の教育でじっくり腰の据わった人材を育てるほうが、国家百年の大計に添うものと思います。

現状に即した新しい憲法を

「憲法九条にノーベル平和賞を」という運動が全国的に広がっているそうです。とてもすばらしいことと心から応援いたします。

しかし冷静に考えると、このままでは無理なところが多いと思います。戦後日本の今があるのは、『毎日新聞』の5月3日付の社説の通り「憲法九条」と「日米安保」の二本柱のおかげです。まさしくアメリカ様々のおかげで今の繁栄があるわけです。しかし現在欧米共にかつてのような力はありません。ロシアとウクライナ、中国とフィリピン、ベトナムのように、強国のエゴの前では外交努力だけではどうにもなりません。国連もあまり機能しているようには見えません。領土の保全、国民の安全を守るのに他国まかせでは心許ないです。それなりの自前の力が必要です。その為に今政府のやっていることは「憲法の拡大解釈」ですが、無理を押し通していることは明白です。

この際、憲法九条の精神を最大限受け継ぎ、しかも現状に即した自前の憲法を作ることが急務と思います。

福井地裁判決に喝采を送りたい

大飯原発差し止め訴訟に対する福井地裁の判決文（要旨）を読んで感動しました。住民の生命や生活を守る人格権が憲法上最高の価値を持つ、又、福島原発事故は我が国始まって以来最大の環境汚染であり、豊かな国土に国民が根を下ろして生活している事こそ国富である、と論じています。先の原発事故の惨状を見れば当然の帰結だと思いますが、これほど明確に断言されたことに感銘を覚えます。正に現代文明、豊かさに甘えきってエネルギーの浪費になんの危機感も持たない堕落文明への挑戦です。要するに、豊かさ指数はお金ではないよ、命だよということです。安全技術と設備は確たる根拠のない楽観的な見通しの下に成り立つ脆弱なもの、と断じられた以上、この先全ての原発の再稼動は難しいと思われます。これでボールは我々国民に投げられました。原発の無い世界をどう暮らしていくか覚悟の程が問われます。

自利利他円満の心

『毎日新聞』の「特集ワイド」を興味深く拝読しています。その中で、昨今の「利他的精神」、「公の心」の欠如が叫ばれています。私も長年その事に憂慮していました。恐らく大戦中のあまりにも過酷な個人権の抑圧の反動で、知らず知らず公に対する義務よりも個人の権利の方が優先されてきた結果だと思われます。作家の高村(タカムラ)薫(カオル)氏（93年の直木賞作家）はその中で安倍総理の集団的自衛権論は「公の心」の欠如による妄想から出ていると断じておられます。また宮台真司(ミヤダイシンジ)氏（行動派社会学者）は「今はうまく生きろのメッセージだらけ、それがこの国を滅ぼす」と論じています。両氏共に、対する特効薬はない、地道な努力で利他的な輪を広げていくしかないと言っています。私もまったく同感です。私はやはり教育の力を借りるしかないと思っています。それも頭で覚えるのではいけません。これは芸事のようなものですから、身体で覚える、心に浸み込む覚え方が必要と思います。長い時間がかかるでしょう。

理想と現実

『毎日新聞』五月二十八日付の発信箱で小倉孝保氏の同題のコラムを興味深く読みました。スウェーデンとニュージーランドでは売買春で正反対の政策を採っているそうです。スウェーデンでは１９９９年世界に先駆けて買春を禁止し、今では全欧州でこのスウェーデン方式が主流だそうです。対してニュージーランド方式の本質は「売買春の根絶は不可能、合法化して女性に社会保障や医療、安全を提供する方が人権擁護につながる」との判断です。実は我が国も戦前までは公娼制でニュージーランド方式だったんですね。その辺の事情は、福田利子著『吉原はこんな所でございました』(主婦と生活社)に書いてありますが、女性の健康管理はしっかりしていましたし、かなり自由な雰囲気だったそうです。問題の従軍慰安婦もこの流れで募集されているので、決して公権力の強制は無かったというのが事実と思います。但し世界の大勢はスウェーデン方式であり、慰安婦の存在そのものを批判しているわけですから、この点に関しては永遠に謝罪し続けなくてはいけないのでしょう。

財、行政改革が急務です

セブン&アイ・ホールディングスの鈴木会長によれば、身内に反対意見の無い案件にろくなものは無いそうです。その例を借りれば、身内どころか野党にさえ賛同者が多い集団的自衛権の案件は、何時でも出来る、誰でも出来るそれほど急がれる事案ではないということが判ります。抵抗の多い案件、それは行政改革、財政再建です。

安倍首相は「アベノミクス、三本の矢」という進軍ラッパで株価を上げ、企業の税率を下げ、産業の活性化による税収アップを策しているようです。その努力は認めますが、税収の増加は幻想です。既に成熟期に入ったこの国では現成長率を維持することが精々でしょう。次に消費税です。少々の税収は増えるでしょう、しかし先の復興支援金でも問題になったように、目の前に金を積まれるとすぐに仕事の好きな役人たちの分捕り合戦が始まるでしょう。これではいくら税率を上げても切りがありません。

いかにして支出を減らすか、それには思い切った行政改革が必要です。安倍首相の豪腕に期待するばかりです。

行、財政改革が急務です

収支のバランスを考えるとき、支出を見直すのが当然の帰結です。まずエネルギーの無駄遣いは無いかチェックが必要です。原発に頼らずエコエネルギーを基盤にするよう求めます。次に無駄な事業は無いか。整備新幹線事業は必要でしょうか。『毎日新聞』でも指摘があったように、ストロー現象に拠る地方の崩壊とか、第三セクターの財政難とか、問題が多いので見直しましょう。同じ理由で第二新幹線のリニアモーターも必要ありません。幸か不幸かオリンピックが来るので最低限の投資は止むを得ませんが、便乗した税金の無駄使いは厳に慎んでもらいたいものです。本丸ですが、地方も含めて議員の数、歳費とも減らしてほしい。なり手がいなくなる？　とんでもない。供託金を下げるとか選挙に出やすくすれば、なりたい人はいくらでもいます。役人もそうです。今は大概の事はコンピューターが処理してくれます。たいした人材は必要ないんです。あふれた人材を本当に必要な、例えば介護の分野とか医療の方面にシフトすることが新しい産業の活性化にもつながると思います。

近隣諸国と仲良くする手立てを講ずるべきだ

尖閣諸島の国有化以来、中国、韓国との差しの会談が無いのは異常であり、この状態が続くと限りなく国益を損なうことは明らかです。尖閣については石原暴走老人がやったことだから仕様がないとして、その後がいけません。安倍首相の訪問国を見ても明らかに中国を意識して刺激を与えているし、遣らずもがなの靖国参拝は米国をも失望させています。我が日本は先の大戦の敗戦国であることは忘れてはいけない事です。中国に多大な迷惑をかけた事は隠せない事実だし、従軍慰安婦も時の事情はどうあれ韓国の女性も動員されたのも間違いの無いことです。この事に関してては謝り続けなくては、しかも永遠に謝り続けなくてはいけないことです。時の首相は何故靖国参拝にこだわるのか事情は判りませんが、世界中が駄目だと言っているのだからこれも止めてください。こういった姿勢で初めて近隣も受け入れてくれるはずですから、その中で主張すべきは主張する、これが本筋、世界も認めてくれようと私は思います。

現状に即した新憲法の制定を望む

憲法を論ずると必ず、九条を残すのか廃止するのか二つに割れます。

第三の道は無いのでしょうか。現行憲法を見ますと、権利の行使、自由の享受に関する項目がほとんどで、義務に関する項目はたった三項目、それも教育、勤労、納税等明白なもので皆無に等しい。これが「権利の行使の為には手段を選ばない」というような、戦後日本の精神構造の歪みを生んできたことに着目するべきです。国を愛し、親を大切に思い、先人の偉業を讃え、先輩を敬い、自分以外の他の存在を認め、少数意見を尊重し、公の心、利他の精神を養わなくてはいけないことを、どんな形であれ憲法の中で明文化する必要があると思います。いずれにせよ現行憲法は現状にそぐわない面が多分にあるように思われます。九条の精神、すなわち不戦の誓いを立てながら、しかも日本の今及び未来を見据えた新しい憲法の制定を強く望みます。

国旗　国歌について

先頃、自民党がマニフェストの素案を発表しました。そのなかに、「国旗　国歌を尊重するよう憲法を改正する」くだりがあります。つまりは現状を法律で保障しようということです。無理やり唄わせることは教育を益々歪んだものにし、ひいては国家を疲弊させる行為であり、由々しき事態だと私は思うのですが、マスコミも含めて世間一般的に意外と無関心なのが不思議で悲しくもあります。国家と国民の関係が「君が代」を介して曖昧模糊として説明がつかないのです。結果として国民「主権」のみ肥大してしまい、国家、国民の為という「義務」の面がないがしろになっているのが現状です。無理やり唄わせるのでなく、誰もが進んで唄えるように、今の国体に添った新しい「国歌」を作ることこそ一歩進んだ解決策だと思います。

サッカーワールドカップを見て

サッカーワールドカップの日本の選手団の戦いぶりは残念な結果に終わりました。勝ち残れなかった理由は色々考えられますが、一つにメンタル面の弱さが指摘されています。私は加えて日本の国歌にも原因の一端があると思っています。外国の選手、サポーターのあの国歌の歌いぶり、力強く声高らかに、手振りまで加えて身体いっぱいに喜びを謳歌している姿に羨ましさを感じました。私は以前『毎日新聞』投稿欄に「第二国歌を作ろう！」と提案したことがあります。残念ながら採用されませんでしたが、あのシーンをテレビで見て益々この念が強くなりました。君が代が似合うのはせいぜい大相撲ぐらいで、多くのスポーツには向いていません。しかも選手もサポーターもほとんど義理でしか歌っていません、中には口パクもいます。国家権力による強制が無くても、全国民が喜んで歌える新しい国歌を制定できれば、全てをプラス思考に、メンタル面の弱さも払拭されると思います。

新憲法の制定を提案します

先の大戦の終結を機にできた現憲法は、九条を柱にして世界に誇れる理想的なものでした。その憲法の下で我が国は繁栄を謳歌してきました。しかし戦後七十年、精神的な劣化は目を覆うばかりです。その直接の原因もこの現憲法にあることに早く気づくべきです。国の右傾化、靖国参拝、原発再稼動、いじめ、自殺、横領、冤罪の為の偽証拠、政治への無関心、国会改革の遅れ、お手盛り歳費、セクハラ、暴言等々枚挙に遑がありませんが、これら全てが現憲法への甘えに起因している現象です。現憲法が掲げる国民主権、権利の行使、自由の享受、この甘い汁に酔い痴れている内に精神構造が犯されてきました。「うまく生きろ」のメッセージだけが残り、そこに欠けているものは「公の心、利他的精神」です。公共の福祉に利することと、権利の行使がバランス良く並び立ってこそ、国は成り立つことを憲法ではっきりと明記するべきです。現憲法の優れた部分を継承しながら、甘えを許さない「義務」の面も加えた新憲法を期待いたします。

これほどまで日本は疲弊しているのか

「自民３００議席を超える勢い」と各誌報じています。あの安倍さんの政治姿勢に国民は怒り心頭と思っていました。それがこの結果で驚いています。原因は色々あるでしょう。なんとなく与党を手助けしている野党のだらしなさ、首相一人に解散権が握られている選挙制度等々まだまだ挙げられるでしょう。私が思うに今の日本国民は「思考停止」状態だと思います。それほど国全体が疲労困憊状態なのでしょう。先のことはどうでもいい、とにかく今を良くしてほしい、だから多少乱暴でもいい、景気ラッパを吹いている安倍さんに任せておくしかない、という選択肢だとしか考えられません。しかし本当にそれでいいのでしょうか、後で後悔するような事は無いのでしょうか。山積する我が日本の諸問題の多様さ、深刻さを思うにつけ、もう一度だけ立ち止まってよく考えてみる必要があると思います。何よりも、終わってからでは遅いと肝に銘じてほしいと願うばかりです。

第九条は絶対残すべき

憲法第九条はその前文も含めて、全世界の人々が求め向かうべき崇高なる理念です。我々日本人の大事な宝物の一つに間違いはありません。今回の総選挙の結果、憲法改正の論議が出てくるのは必定でしょう。不毛の論戦のドサクサの間に、世界に誇るべき宝をドブに捨てるのは如何にも勿体ない。憲法改正に積極的な方々にお願いがあります。「第九条はそのまま残す」と明言して下さい。その上で現状にそぐわない面は補完していく、例えば、自衛隊は国土国民を守る部署であり軍隊ではない事を加筆すれば済むことです。自公の責任ある方々の明言があれば、ただ九条を守るために憲法改正の論議に消極的な野党の皆さんも納得することでしょう。加えて九条があるために米国やアジア近隣諸国になめられているという、極めて不愉快な誤解も解いて欲しいと思います。折角憲法改正するなら論議を深めるだけ深め、立派な新憲法が出来ることを切に願います。

バスの中の光景

先日バスの中で出会った光景を書きます。バス停で二歳ぐらいの男の子と父親が乗ってきました。その子は元気一杯バスに飛び乗るとすぐにシルバー席に座りました、偶々バスは空いていたので父親も隣に座り、今どきの若者同様スマホに夢中でした。次のバス停で大体バスの席も埋まり、その子の隣にご老人が席を取りました。その頃から飽きがきたのかその子がいきなり甲高い奇声を上げ出しました。父親がその子の口を抑え騒がないよう説得しているようでした。それで収まるのかと思いきや、再び奇声を発する、父親が止める、言うことをきいたふりをして手を離すと、すぐに奇声を発する、何度か同じことを繰り返すうち父親も諦めちゃったのです。その間スマホから目を離すことはありませんでした。すると奇声を上げながら、隣の老人にまでちょっかいを出し始めました。ご老人は迷惑そうな顔をしながらも黙って見過ごしている。明らかに怒るかどうか試しているふうなんです。私等の小さいころだったら、父親は二、三発引っ叩いて泣きじゃくる子供を脇に抱えて、次のバス停で降りていたでしょう。今そんなことをしたら、すぐにでも虐待行為だと通報されるんでしょうね。今の子供たちは明らかにその事情を知っているのです。幼児教育が大事なことは議論の余地はないでしょう、しかも幼児教育の基本は家庭です。その子の将来を思い真心を以てきつく叱れるのは親しかいないからです。その子はスマホに熱中する父親に自分を見てほしいと願っているのです。悪いことをしている自分を叱ってほしいとサインを出しているのです。この親は大事な幼児教育を放棄している。私等の中高生の頃、テレビが一家団欒の会話を奪っていると問題になったことがあります。今スマホがそれに替わっている。こんな時にスマホなんかに興じている場合ではないでしょう。しっかり子供に向き合い、場合によっては引っ叩かないまでも、子供を連れて強引にバスを降りることも必要でしょう。兎に角、やっていいことと、悪いことの区別を幼児期にしっかり教えなくてはいけません。こんな子等が保育園で保母さんを困らせているのだなと想像がつきます。こういうズルくて賢い子は保母さんが思わず発した暴言を逐一親に報告するのです。こういう教育しようにも教育不可能な幼児たちが、この先どんな大人に育っていくのだろうと考えると、お先真っ暗、暗澹たる思いがします。一つ一つはごく些細な取るに足らない事象ではあります。取り越し苦労と思われるかもしれません。しかしこの些細なことの積み重ねが国の生産力を蝕んでいくことに早く気付いてほしい、というのが私の願いです。

おわりに

私も七十五を数え、何時死んでもおかしくない年頃になりました。親の期待を尽く裏切ってきた親不孝の典型のような私が、今更謝っても遅すぎでしょうが、この年まで生かさせていただいたお礼に、何かしらの記念樹を植えることで、自信教人信という親の希望の足しにならないかと、本書の出版を思い立ちました。昨今の道徳の乱れ、恥の文化、お陰様での文化、総じて、利他の心の衰退、これらを見るにつけ、この書を以てなんとか起爆剤にならないか、偏にこの思いでいっぱいです。学識豊かな諸先輩方にとりましては、間違い、誤解だらけの愚本ではございましょうが、なにとぞと謝るばかりです。

最後になりましたがこの度、東京図書出版様のご厚情により本書の出版に漕ぎつけられた事は、私にとってかねてからの願いが叶い慶事の至りであります。

社員の皆様、編集部の皆様に重ねてここに御礼申し上げます。

木村　二郎（きむら　じろう）

昭和19年11月16日、中国蘇州にて生まれる。父親の本籍地青森県平内町福舘に一時本籍を置く。北海道天塩郡共和地区にて小学校４年まで。高校卒業までは青森市近くの上北鉱山で過ごす。現在は横浜市南区に在住。青森県立青森高校を経て昭和42年大谷大学卒業。昭和48年６月10日、詩集『可吐棄の頃』刊行。

親子の絆と葛藤を浄土真宗の目で問う

歎異抄

釈尊　親鸞

2020年１月29日　初版第１刷発行

著　　者　木 村 二 郎
発 行 者　中 田 典 昭
発 行 所　東京図書出版
発行発売　株式会社 リフレ出版
〒113-0021　東京都文京区本駒込 3-10-4
電話 (03)3823-9171　FAX 0120-41-8080
印　　刷　株式会社 ブレイン

ISBN978-4-86641-300-6 C0095
Printed in Japan 2020
落丁・乱丁はお取替えいたします。

ご意見、ご感想をお寄せ下さい。

［宛先］〒113-0021　東京都文京区本駒込 3-10-4
東京図書出版